"다른 문화, 같은 체온"

온도
36.5

이진경 지음

도서출판 진원

온도 36.5

서문

우리는
하루에도 수없이 많은 문화 속을 지나칩니다
대화, 표정, 침묵, 스마트폰 화면, 거리의 음악…

그 모든 순간들은
차갑지도 뜨겁지도 않은
체온 36.5도의 감정과 생각으로
이어져 있습니다.

이 시집은
그 따뜻함과 무심함 사이를 걷는 기록입니다.
언어가 만든 온기
혹은 온기가 되어버린 언어
세대로 이어지는 학습 또는 변화

지금 읽는 이의 마음이
어떤 온도 속에 있다면
이 시 한 편이
그 옆에 조용히 놓였으면 합니다.

시인의 말

우리는
문화 속에서
나를 찾습니다

인간이라면
누구나 따뜻한 체온을
지녔기에

그 온기 속 마음들을
새삼 담아내고
싶었습니다

다양한 삶일지라도
같은 체온
외면하지 말아야 할
36.5도 입니다

이 시집을 통해
문화의 따뜻한 온기가
세상에 가득하길
소망합니다.

2025. 7월

차 례

1부   낯선 땅, 새로운 시작

12	첫 발자국
14	별자리 잃은 밤
16	언어의 벽
18	두려움과 설렘
19	내 이름, 다른 발음
20	긴 하루의 끝
22	꿈을 따라온 길
24	달라진 하늘
25	낯선 풍경
26	그어진 선

2부   삶의 무게, 일상의 풍경

28   놀이 시간
30   내 마음의 지우개
32   시장에서
34   식사 시간
36   손끝의 언어
37   땀방울의 색깔
38   작은 방 안의 우주
40   엄마 목소리
41   주말의 쉼표
42   하루의 끝에서

3부 　사랑, 가족, 그리고 그리움

44　　국경을 넘은 사랑
46　　서로 다른 언어의 속삭임
48　　아이의 웃음
49　　거짓말
50　　보고 싶은 얼굴들
51　　까마득한 거리
52　　추억
54　　가족사진
56　　어른 흉내
58　　거울

4부　오해와 상처, 그리고 용기

- 60　얼굴
- 62　이유도 없이
- 64　숨죽인 대답
- 66　왜곡된 이야기
- 68　어색한 아이
- 69　손가락질
- 70　보이지 않는 벽
- 72　마음의 멍울
- 73　홀로 삼킨 눈물
- 74　그래도

5부   함께 피우는 희망

- 76   미소
- 77   아이들의 언어
- 78   앙상블
- 80   새롭게 배운 말
- 82   나만의 무늬
- 84   이웃으로
- 85   두 개의 문화
- 86   등불
- 88   아이들의 세상
- 89   우리
- 90   마음 닿는 것
- 92   함께

1부
낯선 땅, 새로운 시작

첫 발자국

캐리어 바퀴
타국의 아스팔트
그 위를 구를 때
심장이 쿵 하고 내려앉았죠

모든 간판의
글자가 그림 같고
사람들의 말소리가
음악처럼 들리는 곳

조심스레 내딛은
첫 발자국에
두려움 반
기대 반이 실려 있었죠

별자리 잃은 밤

같은 하늘이라는데
별자리 이름이 달라
내 나라 그곳의 별은
누가 보고 있을까

북극성처럼 나를 이끌던
가슴에 박힌 그곳의 별은
지금 내가 낯설게
헤메이는 것을 알고는 있겠지

언어의 벽

말하고 싶은데
마음은 급한데
입안에서만 맴도니까
가시 돋친 소리들

두려움과 설렘

알 수 없는
내일에 대한 두려움

행여나 실수할까 봐
숨죽이는 시간

동시에 새로운 나를
발견할지도 모른다는 설렘

두근두근 가슴 안고
이 길을 계속 걸어가요

내 이름, 다른 발음

저기… 뿌OOO 씨?
부르는 소리에

뒤돌아보지만
낯설어진 내 이름

여기서는 이렇게
불리는구나

긴 하루의 끝

아침부터 밤까지
낯선 사람들 낯선 일 속에서
몸도 마음도 천근만근

작은 방 문을 닫으면
그제야 나 혼자
숨을 쉬는 것 같아요

긴 하루의 끝에서
가장 먼저 떠오르는 얼굴들
그들은 나를 잊지 않을 거야

꿈을 따라온 길

가족의 더 나은 삶을 위해
나 자신의 작은 꿈을 위해
정든 땅을 뒤로하고 날아왔어요

고달픈 현실에
때론 후회도 하지만

이 길 끝에서 심어놓은 꿈의 씨앗이
언젠가 꼭 열매 맺을 거라 믿으며
오늘도 희망찬 길을 걸어갑니다

달라진 하늘

해 뜨고 지는 방향도 새롭고
바람에 실려오는 냄새도 달라요
비 내리는 소리마저 장단이 다르죠

내 나라 하늘 아래서는
당연했던 모든 것이
이곳에서는 신기하거나 혹은 그립거나

달라진 하늘만큼
내 마음의 풍경이 달라지고 있겠죠
모두 당연하거나 자랑하거나

낯선 풍경

여긴 모두 익숙한 얼굴들인데
내 얼굴만 자꾸 낯선가 봐

내 말에 자꾸 물음표 달고
내 모습에 자꾸 선 긋네

따뜻한 햇살 아래 서 있어도
혼자만 자꾸 그늘 같아

그래도
하늘은 같은 빛깔이더라

그어진 선

어른들 이야기에는
보이지 않는 선이 있대
이쪽 사람 저쪽 사람
넘어가면 안 된대
왜 그었는지도 모르면서

2부
삶의 무게, 일상의 풍경

놀이 시간

같이 놀다가
갑자기 나뉘었어

너는 다른 색깔
너는 다른 말

사람들이 그랬대
그 애들은 좀…

그래서
좋은 역할 나쁜 역할 나눴지

왜 그래야 하는지 몰라도
그냥 그렇게 하는 거야

사람들이 말해준 대로
우리는 그대로 해

내 마음의 지우개

그림 속 친구 얼굴이 이상하대
딱 보면 다른 나라 사람이라나

자꾸 그 말을 들을수록
제일 좋아하던 친구 얼굴인데도

나도 모르게 지우개를 찾았어
살구색도 찾았고

지우고 싶었던 건
도화지 위 친구 얼굴일까

이상하다는 말에 흔들리는
작고 서툰 내 마음이었을까

시장에서

시끌벅적함은 똑같고
신기한 물건
흥정 소리는 달라요

어깨도 부딪치고
미소도 나누며
두리번거리다

여기 사람들의 삶 속에
내가 조금씩
스며드는 걸 느껴요

식사 시간

동료들의 왁자지껄한
웃음소리 속에
홀로 떠 있는 무인도

다른 언어에 둘러싸여
도시락 뚜껑을 열지만
밥알이 모래알처럼 느껴져

북적이는 식당 한가운데
세상 가장 외로운 섬
여기 나 홀로 앉아 있네

손끝의 언어

말이 서툴러도 괜찮아요
눈빛에서 마음이 읽히고
작은 손짓 하나에도
담긴 의미를 느껴요

서로의 언어를 다 몰라도
따뜻한 손길과 미소는
세상 가장 정확한 언어이니까
국경 없이 마음을 건네는 다리

땀방울의 색깔

국적이 달라도
언어가 달라도
하는일 달라도

이마에 맺힌 땀방울
정직한 노력의 증표
똑같은 색깔

작은 방 안의 우주

세 평 남짓한 이 작은 방이
나의 전부가 되는 공간

가져온 물건, 가족사진, 익숙한 노래들
이곳에서 나는 다시 원향原鄉 사람이 되고

내 꿈을 키우는 우주인이 되기도 하죠
세상 모든 것이 담긴 나만의 소중한 공간

2부 삶의 무게, 일상의 풍경 • 39

엄마 목소리

잘 지내니
엄마 목소리에

괜찮다고
걱정말라고

힘듦이 전해질까
조마조마해요

주말의 쉼표

창틈으로 햇살 부서지는 때면
나는 어디로 걸어갈까

아직은 이름 익숙지 않은
거리를 발소리만 데리고 거닐거나

작은 방 나만의 고요에 누워
바다 건너 목소리를 불러오거나

희미한 시간의 필름을 펼치듯
모든 장르의 고향 속으로 스며들거나

그러다 가슴 속 깊은 언어로
조용히 써내려가는 이곳의 시간들

하루의 끝에서

땀과 함께 하루가 저물 때
어깨보다 먼저
마음이 무너질 때가 많지요

날카로운 시선이 꽂히고
바람처럼 스쳐가는 무시들
숨 막히는 현실이라는 벽 앞에서

가슴이 조급해져 오면
사랑하는 이들이 떠올라
내일을 잡고 다시 힘을 내요

3부
사랑, 가족, 그리고 그리움

국경을 넘은 사랑

듣던 노랫말 다르고
밟던 땅의 온도도
참 다르지만

두려움보다 먼저
서로에게 향했던
그 작은 용기가

보이지 않는 연緣에 닿아
소중한
보금자리를 엮어냅니다

서로 다른 언어의 속삭임

내가 사랑해 하고 말하면
그는 I love you 라고 대답해요

우리 아이 두 귀에
두 세상을 모두 이어주고 싶어요

각기 다른 언어가 둥실 떠다니다
가족 사랑 뿌리 깊은 숲에 걸려요

아이의 웃음

나 태어난 땅과 다른 이 곳 내 아이
한국말 내 모국 말 그 경계에서

깔깔 날아다니는 아이의 웃음소리가
하루의 피로를 싹 잊게 해줘요

소원은 오직 하나 아이의 미래는
서로 다른 것들이 손 꼭 잡는 곳

거짓말

떠나오던 날
손 흔들던 엄마
자꾸 눈물이 나요
거짓말 좀 하면 어떤가요
나 잘 있습니다

보고 싶은 얼굴들

유난히 깊은
외로운 이주자의 밤

검푸른 하늘에
조각난 추억들이

별처럼 박혀
아스라이 말을 걸어오네

까마득한 거리

비행기 날아 몇 시간
마음 날지 못하는 먼 거리

이 까마득한 거리가
가슴을 에네요

달력 위 시간들은
눈물에 젖어 선명함을 잃어요

추억

잔잔한 엄마의 흥얼거림
나른한 평온

풋풋한 우정 위 쌓인
어린 날의 멜로디

가끔 익숙한 음률 흐르면
불현듯 가슴 한 켠 시큰해져

한 곡의 노래에
그리움 싣고 당신 곁에 닿아요

가족사진

세월 멈춘 듯
고이 놓인

그 단아한 사진 속
환한 얼굴들을

힘겨운 시간
주저앉고 싶을 때마다

꺼내어 보며
숨죽여 다짐해요

당신들 덕분에
반드시 잘 살아가겠노라고

어른 흉내

나는 몰랐네
어른들의 그 말들

다르게 생겼다며
차갑고 좁은 눈빛들

입술만 따라 했을 뿐인데
그냥 닮아가고 있었네

세상이 아이에게
처음 가르쳐 준 가장 슬픈 언어

거울

다수의 잣대로 웃고
다수의 입처럼 말하고

거울 속 내가
어느새
그 틀에 맞춰 닮아가요

가끔 불공정한 눈빛까지
좋은 건지도 모르면서

4부
오해와 상처, 그리고 용기

얼굴

친구네 집 가고 싶다고
가만히 이야기했을 때

어른들의 얼굴이
순간 얼어붙었다

거기는… 음…
말끝 흐려지던 눈빛

왜인지
묻지 않아도 알았다

그때 내 눈앞에
선연히 떠오른 얼굴 하나

어른들의 얼굴과는 다른
친구의 환한 웃음

이유도 없이

엘리베이터 안
버스 안에서
그저 서 있는데도 느껴지는
싸늘하고 날카로운 시선들

내가 뭘 잘못했나
자꾸만 나 자신을
되돌아보게 만드는
이유 없는 차가움

숨죽인 대답

괜히 나서거나
내 의견을 말했다가

너희 나라로 돌아가
그런 말을 들을까 봐

가슴속 이야기를 삼켜요
다르다는 이유로

모든 것이 잘못된 것처럼 느껴질 때
차라리 숨죽이는 게 편해요

왜곡된 이야기

나의 작은 행동이
나의 서툰 한국말이
이상한 이야기로 부풀려지고
오해를 불러일으킬 때

아무리 설명하려 해도
들으려 하지 않는 벽 앞에서
마음이 무너져내려요

어색한 아이

같이 웃고 뛰놀던 친구가
갑자기 멈칫하더니
나랑 손잡으면 안 된대

누군가 친구 귀에 대고
나를 가리키며 속삭이긴 했어

이제 나는 친구가 낯선
다른 색깔의 아이

손잡지 말아야 하는
어색한 아이
섞일 수 없는 물감처럼

손가락질

대놓고 혹은 몰래
나를 향하는 손가락질

무엇이 그렇게 신기하고
무엇이 그렇게 틀린 걸까요

그 손가락 끝에
내 마음은 갈기갈기 찢겨요

보이지 않는 벽

함께 웃고 떠드는
공간에서도
보이지 않는 벽이 있어요

중요한 건 소통이라면서
만남도 없는
가까이 못하는 벽이 있어요

투명하지만 단단한
다수라는 거대한 벽 앞에서
나는 그냥 작아져요

마음의 멍울

하나의 색깔이
우쭐거리면

흑백 뭉치에서
다채로움 눈을 감아요

색색의 작은 생채기들
가슴에 멍울집니다

재잘대는 아픔들은
어찌나 화려한지

혼자만의 아픔 아니었다
가슴 쓸어내려요

홀로 삼킨 눈물

오늘도 버텨냈어
내일도 그럴 수 있겠지

부서지기 쉬운 피조물로
보이고 싶지 않아

아무 일 없는 듯
툴툴 털고 아침을 맞아요

그래도

가슴 저며도
목이 메어도
사무쳐 와도

소리 없이 웃는다
이것은
무너지지 않겠다는

침묵 속의 외침
내일을 향해 쏘아 올린
나의 전부인 용기

5부
함께 피우는 희망

미소

오가다 건네받은
미소 한줌
따스한 말 한마디에

얼어붙었던 마음이
사르르 녹아요

아이들의 언어

세상에 박힌 차별 위
아이들의 생각이 뿌려졌어요

이상하다고
묻지도 힐끔거리지도 않고

괜찮다며
어른 곁을 스쳐 미래로 걸어갑니다

앙상블

플루트 맑은 연주처럼
피아노 영롱한 음색처럼

저마다 다른 이야기들이
오색의 문화로 엮일 때

가슴에 번지는 그 느낌
어우러짐의 놀라운 떨림

새롭게 배운 말

익숙지 않은 바람에 실려 온
이역(異域)의 언어들

내 맘과 네 맘 사이
가만히 다리를 놓네

그보다 먼저
모든 벽을 허무는 미소 한 조각

나만의 무늬

숨기고 싶었던
나만의 무늬들
이제 이곳에서
드러내 보일래요

나의 무늬 하나가
다른 무늬들과 만나
아름다운 태피스트리로
엮어지니까요

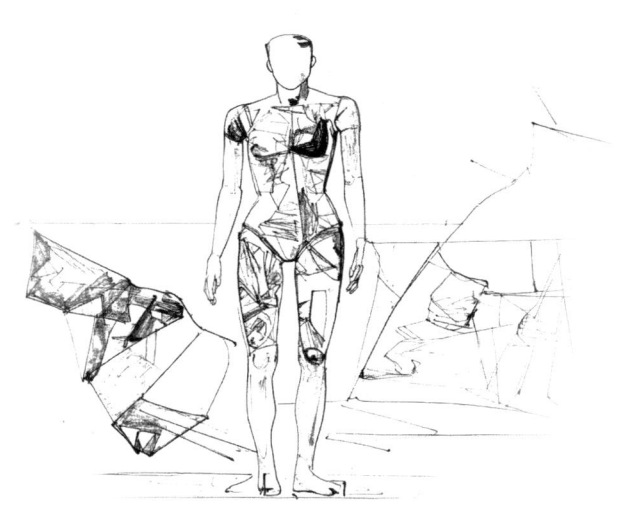

이웃으로

스쳐간다고
그저 의미 없다 말하지 마세요

그대 곁
잠시 머물렀던 얼굴들도

다시 보고 귀기울인다면
이웃이라는 이름이고 싶었답니다

당신 곁에서
환한 웃음 꽃으로 피어 있었다는 것

두 개의 문화

어릴 적 익숙했던 풍습과
새롭게 배우는 이국적 문화
둘 중 하나 버릴 필요는 없어요

두 개의 문화가 다음 세대로 이어
두 개의 뿌리를 가진
강인한 나무가 될 거예요

등불

숨 막히는 어둠 속 홀로
길 잃고 더듬이던 밤

어찌 알았을까
꾸욱 삼킨 눈물 녹여
이야기 풀게 하네

말없이 고개 끄덕이는 그대
내 막막한 길 앞
환한 등불 하나 켜 주네

아이들의 세상

국적도 언어도
다른 아이들이
함께 웃고 뛰놀며
미래의 세상을 보여주네요

우리

하얗게 빛나는 햇살도
여러 가지 색의 빛이 모였듯

저마다의 온갖 이야기 품은
바람도 어디든 흘러가듯

다름도 부딪히고 스며들어
비로소 아름다운 우리가 되네

마음 닿는 것

세상의 다양한 언어든
각기 다른 얼굴이든

가장 깊은 곳에서는
모두 같은 언어를 쓴다

안전과 평온함의 간절함
갈등없이 마음에 닿는 것

함께

준비 없던 길이었죠
낯선 마음들 앞에서
서로 서툴고 주저했지만
보셔요 지금 이 걸음
당신 곁의 나, 내 곁의 당신
우리는 참 잘 걸어왔습니다

진원시선 · 64

온도 36.5

발　행	2025년 7월 11일
저　자	이진경
펴낸곳	도서출판 진원
주　소	인천광역시 남동구 인주대로 754(구월동)
전　화	032-467-4544~5
팩　스	032-467-4543
이메일	j4674545@nate.com
출판등록	제25100-1998-000008호
인쇄·제본	진원디자인프린텍

저작권자 ⓒ 이진경

본 도서의 저작권은 저자에게 있습니다.
서면에 의한 저자의 허락 없이 내용의
일부를 인용하거나 발췌하는 것을 금합니다.

※저자와 협의, 인지는 생략합니다.
※잘못된 책은 바꿔 드립니다.

ISBN 979-11-93046-23-4

값 9,000원